Die nackte Wahrheit,
über Jugendliche
und
ihre Eltern.

Von Gerhard Deutsch

Vorwort:

Also bevor ich nun zu euch, wie alt ihr auch immer seid komme, möchte ich mich mal vorstellen.

Ich bin ein 35 jähriger Maniac der im Leben viel erlebt und auch sehr viel falsch gemacht hat.
Klar jetzt denken sicher die 13-19 jährigen Boys and Girls, was will mir dieser alte Sack schon viel erzählen.

Halt, denn dies wäre ein Vorurteil. Und lasst die Finger von eben diesen, denn nichts wird so heiß gegessen wie es gekocht wird.

Merkt euch eines, Menschen kann man nicht nach dem ersten Eindruck beurteilen, denn jeder hat seine Macken, Geheimnisse und eine eigene Art damit umzugehen.
Darum sag ich euch eines, lernt die Menschen erst mal kennen, bevor ihr euch ein Urteil macht.

Die ganze Miesere beginnt schon im Kindergarten. Denn Kinder können grausam sein und sie denken sich auch nichts dabei, da sie es von den großen Erwachsenen so vorgekaut bekommen.

Lernt den Kleinsten Toleranz und Wertschätzung,
denn ihr seid Vorbilder, zumindest solltet ihr das sein.

Gewaltbereitschaft

Was in den letzten Jahren immer öfter vorkommt, auch
schon im Kindergarten ist die unglaubliche
Gewaltbereitschaft.

Gewalt ist das weltweite Übel. Bereits als Kleinkind
erlebt man Banden, Gruppenzugehörigkeit, was
meistens unter Druck oder Erpressung zur totalen
Hörigkeit ausartet.
Auch wenn es viele nicht hören wollen, konnte man in
den letzten 14-18 Jahren also zwischen den Jahren
1992- 1996 beobachten und es basiert auf der
Tatsache dass viele Einwanderer aus den südlichen
Gefilden ins mittlere Europa einströmten, ein anderes
Temperament und andre Ansichten haben, dass der
kulturelle Unterschied oft in Gewalt entartet.

Auch ist die Bandenbereitschaft in südlichen kulturell
differenzierten Völkern extrem hoch.

Diese Kulturen sind äußerst religiös und sehr
familienbezogen, was bei uns, also im mittleren bis

nördlichen Europa, ebenso im Westen, nicht so ausgeprägt ist wie im Süden und im Osten.

Hierzu eine friedliche Lösung zu finden ist ein heikles Unterfangen. Eine wäre es, selbst dafür zu sorgen, dass sich inländische Kinder und Jugendliche auch zu einer Gruppe vereinen um gemeinsam stark zu sein.

Nächstes Problem ist das Außenseitertum, da diese Einzelgänger dann höchstwahrscheinlich von beiden Gruppen vermöbelt werden könnten.

Sport gegen Gewalt

Also offen sein für jeden. Denn Freunde kann man nie genug haben.
Wo findet man Freunde?

Nun ja, die beste Gelegenheit Freunde zu finden sind Fitnessclubs oder bei Gruppensportarten. Denn oftmals trifft die Tatsache zu, dass in einem gesunden Körper auch ein gesunder Geist steckt.

Außerdem trägt das Fachwissen einer Sportart wesentlich zum Selbstbewusstsein bei.

Ich selbst betreibe Sport. Doch das war nicht immer so. Denn ich dachte doch tatsächlich, dass man Buddie´s im Wirtshaus oder in Disco´s findet.
Doch weit gefehlt. Das Gegenteil war der Fall. Freilich lernte ich eine Menge Leute kennen, aber als Freunde würde ich besoffene Leute die dich nur kennen und schätzen, wenn du mit Ihnen ein paar Bierchen trinkst oder 'nen Joint kiffst, aber dich dann am nächsten Tag nicht mehr kennen, nicht gerade bezeichnen.

Merkt euch eines, zerstört euer Leben nicht durch saufen oder Drogen aller Art. Klar ihr denkt jetzt, besonders die Jüngeren um die 16, der kann mir viel erzählen, doch das Leben ist härter als die meisten Menschen, so manch einer ist schließlich schon daran zerbrochen.

Auch eure Eltern müsst ihr verstehen lernen, wenn sie sich Sorgen um euch machen, werdet ihr spätestens dann begreifen, wenn ihr selbst das eine oder andere Kind habt, für das ihr Verantwortung tragen müsst.
Ich bin zwar kein Freund von Fußball, aber die Teamzugehörigkeit, stärkt den Charakter, außerdem den Teamgeist.

Im Team lassen sich auch im Leben Probleme leichter bewältigen. Aber niemals sollte man Teamgeist mit Gruppenzwang oder als Bandenmitglied auf krimineller Ebene unterschätzen oder gut heißen.

Denn Sport gepaart mit Intelligenz und gesundem Ehrgeiz, führt euch auf den richtigen Weg.

Kraftsport ist sowieso die beste Alternative gegen Gewalt, da man schon durch ein muskulöses Auftreten für Abschreckung sorgen kann. Jedenfalls mehr als besoffen und unbeholfen zu wirken.

Sex und seine Gefahren

Wir leben in einem Zeitalter, wo alles sehr schnell und günstig sein soll, nach dem Motto höher, weiter, schneller, so auch beim Sex.
Die zwischenmenschliche Liebe ist einerseits die schönste Nebensache der Welt, doch inzwischen auch sehr gefährlich.

In Zeiten wie diesen ist die Angst an Aids zu erkranken sehr gefürchtet. Wurde sie in den 80ern noch als Schwulenpest abgetan, sind wir nun im Bilde dass es jeden treffen kann.
Denn Aids ist noch nicht 100 prozentig heilbar und sie wird es eine Weile auch nicht sein.
Für jene die es noch nicht wissen wie man sich gegen HIV wie diese Krankheit auch bezeichnet wird schützt.

1. Kondome, auch zur Verhütung geeignet
2. Kein Sex vor der Ehe, aber nur hilfreich wenn beide Partner noch Jungfrau sind.

3. Die Partner nicht häufig wechseln, mit denen man Geschlechtsverkehr hat.
4. Regelmäßigen Aidstest in Krankenhäuser
5. Keine Drogen die intravenös verabreicht werden.

Drogen und ihre Wirkungsweise

Generell gilt: **Lasst die Finger von harten Drogen!**

Denn erstens bringen sie nur Schwierigkeiten und sind in der Lösungsfindung eher kontraproduktiv.

Welche Arten von Drogen gibt es.

Hier die Häufigsten:
1. Haschisch, jeder kennt es
2. Marihuana, die Vorpflanze zur Obigen.
3. Amphetamine zum Aufputschen
4. Heroin die Todesdroge
5. Kokain oder Schnee, wie es auch genannt wird. Damit man nasenmäßig gut drauf ist, glaubt man zumindest.

Hier die Wirkungen die unweigerlich zu Problemen führen.

1. Haschisch: Wirkungsweise: leichter Schwebezustand, manchmal aber auch das Gefühl am Boden festzukleben, gefolgt von Hungerattacken und das Bedürfnis nach Sex. Unkontrolliertes Lachen, im Grunde macht man sich lächerlich. Langzeitige Auswirkungen wären, man wird sehr träge und das leider auch beim Denken. Weiters können psychische Schäden entstehen. Auch wenn ihr das nicht hören bzw. lesen wollt, dies ist die nackte Tatsache, denn ich habs selbst erlebt. Aber wenn nicht, dann viel Spaß beim Probieren. Doch wenn ihr dann Probleme habt, erwartet euch kein Mitleid, denn ihr, die euch darauf eingelassen habt, seid dann alleine und ohne Freunde, die nicht süchtig sind.
2. Marihuana: siehe Haschisch. Sie ist der Ursprung von Haschisch (gepresste Form von der weiblichen Marihuanablüte)
3. Amphetamine: werden zum Aufputschen für bessere Leistungen genommen bzw. missbraucht. Man wirkt total überdreht und vertrottelt. Kein schöner Anblick. Finger weg wenn ihr weiterleben bzw. gesund bleiben wollt. Hierfür gibt es einen einigermaßen prominenten Fall. Nämlich den des Mike Mentzer. Dieser Bodybuilder missbrauchte die Droge, worauf er

in diesem Einfluss nackt auf der Straße lief und seine Psyche total zerstörte.

4. Heroin: hat nichts mit Hero oder heroisch zu tun. Eher das Gegenteil ist der Fall. Man verfällt sehr schnell dieser Droge. Sie verhilft einem zu entspannender Wärme und Ruhe, doch danach geht dein Leben den Bach runter. So blöd kann man gar nicht sein, dass man auf diese Droge reinfällt.

5. Kokain: Die High Society Droge, wird am liebsten mit Hilfe von Geldscheinen durch die Nase gezogen.
   Sie wirkt sehr anregend, man fühlt sich unbesiegbar, doch soviel man sich damit ins Gehirn schnieft, soviel Probleme z.B. Entzugserscheinungen hat man wenn man es nicht parat hat. Außerdem ist diese Sucht finanziell nicht tragbar. Der Süchtige steigt in der gesellschaftlichen Hierarchie etwa auf die Ebene von Kotze die am Randstein klebt ab. Also, jeder normale Mensch, der man in diesem Alter von ca. 16-20 nicht unbedingt sein will, lässt am besten um der Gesundheit und Brieftasche Willen seine Gedanken fern von diesem Gift.

Nicht nur im gesellschaftlichen Bereich nimmt man Drogen, nein, auch im Sport gibt es solche.
Sogenannte Anabolika oder Steroide.

Was sind Steroide?

Sie bewirken extrem starkes Muskelwachstum und Zunahme von Masse und Kraft im Kraftsportbereich.

Man sollte sich lieber 10 mal überlegen, ob man diese Mittelchen durch den Körper jagt. Noch dazu sind Nebenwirkungen unter anderem erhöhte Aggressivität und Impotenz.

Warum Impotenz?

Na logisch, wenn man dem Körper männliche Hormone zuführt, die auch das Sexleben steuern, hört der Organismus auf dieses Hormon zu produzieren. Wenn man diese dem Mann nicht mehr verabreicht, ist dann tote Hose.
Also was bringt ein Top Body, wenn man mit den Girls nichts mehr anstellen kann.
Darum, auch mit natürlichen und gesunden Mittelchen kann man einen beachtlichen Körper aufbauen.
So klappt's auch mit der Nachbarin.

Lasst euch von einem Fitnesstrainer, dem ihr vertraut, aufs gründlichste beraten.
Dasselbe gilt natürlich auch für Frauen. Lieber einen Proteinshake als Hormone.

Die Pubertät:

Für Eltern oft eine Nervenaufreibende Zeit.
Wie bemerkt man die ersten Anzeichen der
Vormannwerdung?

1. Die feuchten Träume bekommen nur die Mütter
   mit. Aufgrund mehrerer weißer Flecken in der
   Bettwäsche. Somit wäre es besser nur auf
   weißer oder grundsätzlich heller Bettwäsche zu
   bestehen.
2. Die Eltern werden peinlich: Papa, mit dir muss
   man sich nur genieren. Welcher Vater eines
   pubertierenden Sprösslings hat diese Worte
   noch nicht vernommen. Mit diesem Alter beginnt
   alles, was gegen ihre Sicht oder
   Lebenseinstellung ist, als peinlich zu gelten. Das
   Schema dieser Teenager ist: **Ich kann alles
   und ich weiß alles besser als ihr!**
   Weiters: Erzähl mir nichts übers Leben, ihr habt
   ja keine Ahnung wie es ist, in die Schule gehen
   zu müssen!!!
3. Der berüchtigte Stimmbruch: Ist nach den
   gemeinen Pickeln und Mitesser das größte Übel
   Es kann sehr peinlich und erniedrigend sein,
   wenn man z.B. ein Mädel fragen will, ob sie an
   einem interessiert wäre und dabei die Stimme

von einem Hickser, welcher Ähnlichkeit mit einem krähenden Hahn hat, durchzogen wird.

4. Der Pickel: Das wohl größte Übel eines pubertätsgestressten Mannes. Als ich in dieser Phase des Lebens war, hatte ich so viele Pickel, dass ich aussah wie ein Ribiselkuchen. So litt auch ich sehr unter dieser Pein, doch erhoffte ich mir damals von diversen Mitteln und Wässerchen schnelle Wunder. Aber es trat nicht auf Dauer ein, sondern die Akne kam immer wieder, schmerzhaft wie vorher. Das Beste ist man geht zu einem guten Hautarzt. Aber seid nicht verzweifelt, denn auch diese Zeit geht vorüber und dann könnt ihr sicher wieder fortgehen und Freunde haben, ohne zu befürchten dass ein Pickel aufplatzt oder das Gesicht verunstaltet.

An die Eltern: Verflucht nicht diese schwere Zeit eures Kindes, denn der Weg zum Erwachsenwerden ist steinig und schwer.

Euer Sohn oder Tochter braucht in dieser unangenehmen Zeit des Erwachsenwerdens viel Verständnis und keine Kritiken als unnötigen Druck. Die Schule in der heutigen Zeit ist kein Zuckerschlecken. In dieser Zeit herrschen Vorurteile wie schon beschrieben, Gruppenzugehörigkeit und Markenklamotten als Statussymbol.

Ich weiß, Markenkleidung ist sehr teuer, aber die Jugend orientiert sich daran. Traurig aber wahr.

Man hilft dabei am besten, wenn auch schwierig, mit dem Sprössling zu reden und versuchen zu verstehen, war es doch damals in eurer Jugend in den 70er bis zu den frühen 90ern nicht anders, das dürft ihr nicht vergessen.

Ganz genau kann ich mich zum Beispiel erinnern wie es bei mir war.

Eines Tages teilte mir meine Mutter mit, dass wir Hosen kaufen fahren. Nun gut, aber was machte sie? Sie brachte mich in ein Geschäft mit einem bekannten Billignamen.
Billig verstanden diese Geschäftsleute wohl unter äußerst peinlich. Wir gingen rein, am liebsten hätte ich geheult.
Sicherheitshalber blickte ich in alle Richtungen des Geschäftsraumes, ob eh keine Mitschüler mich sahen. Das Gefühl von allen Beobachtet und ausgelacht zu werden, war übernatürlich stark.

Mutter suchte mir eine Hose aus, mit den Worten: „probier mal".
Ich fühlte mich verarscht auf jeder Ebene.
Doch zu meiner Überraschung, sah das Teil verdammt gut aus. Also ich probierte sie mal an und als ich in

den Geschäftsspiegel in der Umkleide sah, glaubte ich zu träumen.

Mit Tränen der Verzweiflung sah ich am rechten Hosenbein, einen extra großen Superman prangen, er lachte mich an, doch dachte ich er würde mich auslachen.

Ich weiß noch als meine Mutter sagte, „Sie passt dir wie angegossen, die nehmen wir".

Zähneknirschend fuhren wir nach Hause. Was tun? Komme ich mit diesem Teil in die Schule, hab ich ausgekichert.

Mein Ruf wäre ruiniert, alle würden sie mich als „peinlich" abstempeln. Guter Rat war teuer. Also blieb ich die halbe Nacht munter und rubbelte solange an dieser hässlichen Superman-Hose bis dieses Untier runter war. Danach sah die Hose richtig cool aus. Beruhigt schlief ich den Schlaf der Gerechten.

Generell gilt Marke muss nicht gleich Qualität sein. Es gibt auch tolle Klamotten die „no namend" sind, also die Lösung wäre dass ihr euch zum Geburtstag, und/ oder Weihnachten, Markenkleidung wünscht oder noch besser wäre, zu sparen oder statt Geschenke Geld wünscht, um euch die Sachen selbst auszusuchen.

In diesem Jahrtausend, oder eigentlich seit den Neunzigern, ist es modern und hip, Körperkult in Form von Piercings und oder Tattoos machen zu lassen.

Doch Vorsicht:
Passt gut auf, wo und von wem ihr diese machen lasst.
Holt mehrere Meinungen von schon gepiercten oder Tattooträger ein, auch preislich gibt es große Unterschiede.

Was sehr wichtig ist, dass ihr euch mal den Arbeitsplatz dieses Körperkultkünstlers anschaut ob er steril oder eher schmutzig ist. Doch immer kann man auch nicht davon ausgehen, dass alles so ist wie es scheint.
Aus eigener Erfahrung weiß ich, dass man zwar vielen Problemen entgeht, wenn kein Schmutz in die Wunde gelangt, aber 2 meiner Tattoos habe ich bei einer Bekannten machen lassen, in deren Haus es sehr chaotisch aussah und Anarchie herrschte, doch zum Tätowieren hatte sie einen eigenen Raum und ich muss sagen, dass es weniger schlimm war als ich aufgrund der Unordnung angenommen hatte.
Auch beim Tätowieren verlief alles ohne irgendwelche Komplikationen.

Nicht verzierte Menschen neigen dazu, zu glauben, dass diese Prozedur äußerst schmerzhaft sei. Doch es zieht nur und manchmal vernimmt man auch etwaige Schmerzen.

Es kommt darauf an, wo man es sich hinmachen lässt. Ehrlich gesagt, ein Zahnarztbesuch ist meist schmerzhafter.
Auch Piercen ist nicht ohne Pein, aber es ist ein kurzer heftiger Moment, der weh tut.
Allerdings kann ein normales Bauchnabelpiercing viel Geld kosten, so etwa um die 75 Euro und mehr.

Dies ist aber nur ein Durchschnittspreis. Bei so einem Bauchschmuck oder wo auch immer, kann es leicht passieren, dass es bei falscher oder bei gar keiner Pflege zu eitern beginnt. Weiters ist es leicht möglich, dass der Körper das Schmuckstück nicht verträgt.

Dann ist das viele Geld in den Wind geschossen. Aber es kann auch alles gut gehen.
Hört sich ja alles ganz gut an, so ein Körperschmuck, doch wenn die lieben Eltern streiken hilft alles Betteln darum nicht.
Deshalb macht euren Kindern, welche ja schon fast erwachsen sind, alle Probleme damit klar und holt vor Ort Infos über das Anliegen eurer Kids ein.

So ein Ring im Nabel ist ja nichts Schlimmes. Das Teil kann man bei Troubles leicht wieder entfernen.
Bei Tattoos allerdings, sieht das schon ganz anders aus. Denn diese Art von Körperkult ist nicht so leicht zu entfernen, das funktioniert leider auch nicht schmerzlos. Das Entfernen tut oft mehr weh, als das draufmachen.

Ich glaube da müsst ihr schon sehr tolerante Eltern
haben, wenn sie es euch nicht verbieten.
Tun sie es, dann muss man das hinnehmen und
verstehen. Sie wollen nicht, dass ihr euch etwaige
Möglichkeiten, die der Jugend offen stehen, nicht
durch ein Tattoo, das ja ein einschneidender Eingriff
ist, verwehrt bleiben. Seid ihr aber 18 Jährchen, dann
könnt ich das selbst entscheiden.

Aber überlegt es euch gut, ob, und was ihr auf dem
Körper haben wollt. Denkt nach welcher Beruf euch
interessiert, und ob es Probleme damit gäbe, wenn ihr
nun ein Tattoo, z.B. am Hals, am Arm usw. hättet.

Sinnsuche in der Musik

Teenager sind oft gesteuert von Musikgruppen, deren
Aussehen, Kleidung, Texte, alles wird analysiert, denn
man sucht Vorbilder.
Da die meisten Eltern nicht gerade das sind, was
diese jungen Lebewesen sein wollen,
also suchen sie in der Film- und Musikwelt nach ihnen.
Es gibt dabei unterschiedliche Typen von Musikfans.

Da gibt es z.B. den *Heavy Metal* Fan:

Dies sind meist Leute die auch auf Horrorfilme stehen und sich hie und da manchmal 'nen gepflegten Joint anstecken.

Die lassen sich das Haupthaar wachsen, kleiden sich meist mit schwarzer Kleidung und Bandshirts und sind immer cool drauf.

Dies war, und ist heute noch immer meine Musikrichtung. Aber Metal ist nicht nur eine Musikart, nein, es ist eine Lebenseinstellung.

Bekannte und hörenswerte Heavy Gruppen wären:

Metallica, um den Frontman James Hetfield, weiters sind Nirvana mit dem Mythos Kurt Cobain eine der Lieblingsgruppen vieler damaligen, aber auch heutigen Jugend.

Aber auch Manowar, Rammstein und Kataklysm sind sehr, sehr hörenswert.

Heavy Metal unterteilte sich im Laufe der Jahre in mehrere abgewandelte Musikeinschläge.

Es gibt folgende Metalstile:

1. True Metal, auch Powermetal genannt: z.B. Manowar hat mittelalterliche Passagen oder die Band EDGUY, sehr eingängige Musik.

2. Black Metal: z.B. Cradle of Filth, gewöhnungsbedürftig, da es sehr abstrakt

rüberkommt, aber wahre Kunst mit viel Gekreische, sehr sphärisch.

3. Death Metal: z.B. Sepultura, sehr schneller Metal mit genialem Gegröhle.

4. Punk: z.B. The Exploited oder die berühmt, berüchtigten Sex Pistols. Sehr schnelle Musik. Bestens mit Alkohol verträglich.

5. Grunge: Ach ja, wie cool war doch die Grungemode Anfang des vorigen Jahrzehnts. Zerschnittene Jeans, ausgefranst. Ich war das beste Beispiel für diese Lebenseinstellung. Es begann vor 19 Jährchen, die so schnell ins Land gezogen sind, dass es einen deprimiert. Je älter man wird, desto schneller vergeht die Zeit. Also wie gesagt 19 Jahre ist es nun her, dass Kurt Cobain und seine Mannen als Nirvana die Metalwelt mit der Hymne „Smells like Teen Spirit" aufmischten. Diese Formation war, und ist auch heute noch, 16 Jahre nach Kurts Selbstmord in seinem Haus mit einer Schrotflinte, Kult.

Weitere Musikrichtungen wären:

1. Techno: Das sind Personen die gern mit abartigen Frisuren daherkommen. Sehr retro, in Lack und Leder. Bestes Beispiel ist die Love Parade, wo ausschließlich Techno, Rave, das ist die jüngere Abwandlung des Techno, gespielt wird.
   Bekannteste Gruppen sind: Scooter, die ohne Megaphon nicht mal Guten Morgen sagen. Erster bekannter Sound dieser, jener Gruppe, war im Jahr 1994 und hieß Hyper-Hyper, ja wer kennt sie nicht. Dann gäbe es auch noch Pulsdriver, Groove Coverage, ja und nicht zu vergessen Marusha, die in den 90ern kräftig als DJane aufdrehte. Eine wahre Kultikone.

2. Popmusik: Die ihren wahren Höhepunkt in den guten alten 80er Jahren hatte. Deren Fans sind eher normal gekleidet und fallen kaum auf. Sind nicht sehr schillernd. Bekannte Interpreten waren und sind OMD, Die Communards, Erasure die Anfang der 90er etliche Abba Songs neu coverten.

3. Reggae: Vorreiter war der allseits bekannte Bob Marley. Seine Songs „No Woman no cry", oder „Could you be loved". Aber auch „Buffalo Soldier" waren Meilensteine der Musikgeschichte. Doch auch sein Sohn Ziggi Marley macht guten Reggae. Reggae-Fans sind sehr leicht zu erkennen. Sie tragen oftmals die Farben Jamaikas, woher der Reggae kommt, als

Kleidungsstück. Oft haben sie verfilzte Dreadlocks wie ihr Vorbild Bob Marley, der in den frühen 80ern an Krebs erkrankte und viel zu früh verstarb.

Reggae ist zwar eine Musikrichtung, doch eigentlich ist es eine Lebenseinstellung, ja fast schon eine Religion. Weitere Künstler dieser Richtung sind Peter Tosh, Dillinger u.v.a. Diese Künstler haben in etwa die gleiche Einstellung, die da lautet „Am Morgen ein Joint und der Tag ist dein Freund". Es geht auch ohne Gewalt, denn in der Ruhe liegt die Kraft. „Give Peace a Chance".

4. Hip Hop: Ursprünglich aus den USA. Vorwiegend von Farbigen performed. Doch in den letzten Jahren gibt es immer mehr weiße Rapper. Bekannteste Hip-Hop-Gruppen sind: Public Enemy, Run DMC, NWA, Eminem u.v.m.

Ja, das Thema Heavy Rock oder Metal, in welcher Variation auch immer, ist ein wahres Streitthema. Sei es bei den Erwachsenen „gottesfürchtigen", oder eben der Kirche.

Ständig wird dagegen gewettert, es sei Teufelsmusik. Doch ich erinnere mich, mal gelesen zu haben, da sagte ein bekannter Mann über einen Shootingstar, in den 50er Jahren des vorigen Jahrhunderts: „Dieser Gratin, diese Ausgeburt der Hölle", so in etwa bezeichnete damals ein gewisser Frank Sinatra die Musik von keinem geringeren, als Elvis Presley.

Lieber Mr. Sinatra, sein sie mir nicht böse, auf welcher Wolke sie auch gerade sitzen, aber diese Meldung, ist aus heutiger Sicht, lächerlich.
Das waren doch Schnulzengesänge, aber für damalige Verhältnisse war Elvis´ Musik und Hüftschwung teuflisch und ward bei der Jugend gern gesehn.

Klar die „gläubigen" Eltern machten sich Sorgen um ihre Kinder, dass sie nur ja nicht vom rechten Weg abkommen.
Tja, für sie war es neu. Hatte es doch vorher hauptsächlich Gute-Laune-Songs und Schnulzen und so weiter, gegeben.

Das Thema Glaube und Kirche, lässt sich heute auf viele verschiedene Arten interpretieren.
Die Jugend tendiert eher in höllischen Gefilden. Denn das Verbotene, Verruchte ist eben interessanter als immer das brave Töchterl oder Söhnchen zu spielen.
Erwachsen zu werden lässt nicht nur die Hormone verrücktspielen, sondern auch das Gemüt.
Und niemand ist kritischer als die Jugend, auch beim Thema Kirche und Glaube.

Durch die heftigen Veränderungen die oft Depressionen auslösen, verliert man den Glauben an die Bibel und das Himmelreich.

Das Dämonische verspricht Stärke, und wer will schon ständig ein Happy End.

In der Pubertät ist man tierisch unsicher, da man keine Ahnung hat, wie das Leben weitergeht. Doch keine Angst, auch diese Zeit geht vorbei.

Ich persönlich bin schon vor Jahren aus diesem Verein ausgetreten. Mein Glaube wurde äußerst in Frage gestellt, durch einschneidende Ereignisse, welche schon in meiner Kindheit ihren Lauf genommen hatten. Als nämlich vor 29 Jahren mein Vater grausam und qualvoll starb, kamen meine ersten Zweifel, doch in der Schule wirst du zugedröhnt mit Lob und Jubelgesängen auf den Herrn, unserem Schöpfer.

Man denkt als Kind ja nicht so nach und glaubt alles, was einem von den allwissenden Erwachsenen gesagt wird.

Ach ja, da gibt es das allseits beliebte Christkind und den Nikolaus, dann der Osterhase, alles Sachen auf die sich die Kleinen besonders freuen und da kommt man nicht mal zum Nachdenken ob es diese genannten Wesen überhaupt gibt.

Somit wird der Glaube der kleinen Süßen regelmäßig verkauft.

Von wegen besinnliche Weihnachtszeit. Die vorweihnachtliche Ruhe gibt es nur bei den Kindern, für die Erwachsenen ist es die stressigste Zeit des Jahres.

Wirklich, ich würde gern glauben, an einen Gott, an den Garten Eden, an die Wiederauferstehung, aber ich glaube nur was ich sehe, und bislang hab ich davon weder etwas gesehen noch ist mir irgendwann die Erleuchtung gekommen.

Fakt ist, dass dieses Leben grausam ist. Die Menschen untereinander sind rücksichtslos und hinterhältig, also keine Spur von Gott und Nächstenliebe.
Selig seien die, die in ihrem Leben einen guten Sinn sehen. Sie sind dann zwar naiv, aber glücklich.

Jene, die darin keinen Inhalt mehr finden, sind alleine und verlassen. Es häufen sich besonders bei Teenies die Selbstmorde die niemand verstehen kann.
Mir persönlich ist die Problematik, einen geliebten Menschen zu verlieren, schon ein paar Mal passiert.

Es ist jedes Mal ein schwerer Weg, wenn man einen Freund verliert. Der Gang von der Todesnachricht über die ernüchternde Tatsache, dass sich ein gerade mal 17jähriger, welcher das ganze Leben noch vor sich hätte, freiwillig tötete, bis zum Grab, wo einem das Herz zerbricht.

Aber wie kommt es dazu, dass das Leben einem so zuwider ist, dass man sich umbringt.
Jugendliche denken anders. Sie sehen in ihrem Leben wegen Gründe, die für andere Erwachsene „Peanuts" wären, keinen Sinn mehr.
Sie glauben, dass so das ganze Leben weiter bzw. untergeht.

Doch dem ist nicht so. Sich wegen z.B. Liebeskummer, welcher aber wieder vergeht, denn es gibt Millionen von Mädchen auf diesem Planeten, umzubringen, hat null Sinn.
Es geht immer irgendwie weiter, ich spreche nicht nur leere Floskeln, sondern das ist die Realität, denn mir selbst ist es schon mehrmals passiert, dass ich meinem Leben ein Ende setzen wollte. Es kommen gute und es kommen harte Zeiten.

Man weiß nie wie es weitergeht, aber es geht, nein, es muss weitergehen.
Selbstmord ist egoistisch. Denkt an eure Freunde, Familie oder Bekannte. Denkt auch an eure Schul- bzw. Arbeitskollegen, sie alle würden sehr darunter leiden.

Und nun an die Eltern:

Wie erkenne ich, dass mit meinem Kind etwas nicht stimmt?

Da gibt es mehrere Merkmale, z.B. das Kind was heißt hier Kind, besser gesagt der oder die Jugendliche, wirkt desorientiert, er ist unnatürlich gut drauf und gleichzeitig wiederum zu Tode betrübt.
Eure Tochter oder Sohn, verschließt sich immer mehr.
An sie ranzukommen, ist sehr schwer.

Man kann auch an der Sorte Musik erkennen ob etwas nicht stimmt.
Meist sind es schleppende Doomrythmen, aber das kann auch bedeutungslos sein.

Ihr solltet aber trotzdem auf die Ebene des Sprösslings gehen, um zu verstehen. Nicht unnötig bestrafen, das bringt ihn oder sie nur noch mehr von euch weg.
Dies ist keine Garantie, ich bin auch k ein Psychologe, nur ich weiß noch, wie es bei mir war. Und wie ich es bei sämtlichen Anderen beobachten konnte

Probieren kostet nichts, es kann nur helfend sein.
Es gibt aber auch ´ne Menge Filme, die die Jugend gezielt ansprechen.

Äußerst beliebt sind Horrorfilme aller Art. Wurde doch das Kinoprogramm in den letzten 25 Jahren auf die Jugend abgestimmt.

Besonders Anfang der 90er Jahre boomten
Horrorfilme, wie Scream 1,2 und 3.

Danach kamen Filme wie Brainscan der zum Kult
wurde, mit Eward Furlong in der Hauptrolle.
Der junge Furlong wurde bekannt durch Terminator 2,
wo er den 10 jährigen John Connor, welcher die Welt
von der Herrschaft der Maschinen retten sollte.
Freilich als Erwachsener Connor.

Dann war die Zeit der nackten Kanone mit Lesley
Nielsen als vertrottelter Cop, weiters folgten die
Verarschungsreihen von Scary Movie und Hot Shots,
bei denen Filme aller Art durch den Kakao gezogen
wurden. Mit Lachgarantie.
Mir passiert es heute immer wieder dass ich mir denke
„Heut seh ich mir mal einen alten Schinken an,
welcher mir als Jugendlicher gefiel".
Doch noch während des Films kommen mir Zweifel
dass mir dieser Movie mal tierisch gut gefallen hat.

Die Antwort drauf:

Man verändert seine Interessen Und Weltanschauung.
Sodass man die Jugend oft nicht versteht.
Im Laufe der Jahre sammelt der Mensch an Erfahrung.
Was gestern cool war, ist heute nur noch peinlich und
schwachsinnig.

Ein 17 jähriger ist noch nicht ausreichend mit Erfahrung gespickt, also kann er nur das sagen, was er bisher gehört oder erlebt hat.

Und 13 Jahre später also mit 30, ist das Wissen weiter, da er in diesen Jahren das eine oder andre einschneidende Erlebnis hatte.

Man muss beide Seiten akzeptieren und achten, denn ältere oder jüngere Freunde zu haben, ist ein Geschenk, der Eine kann vom Anderen lernen und auffrischen.

Das Wissen vom Älteren kann für den Jüngeren hilfreich im Leben sein.

Und der Ältere kann sich wieder wie 17 oder 18 fühlen, um die Generationsprobleme besser bewältigen und verstehen zu können.

Zurück zum Thema Film:

Einige gute Horrorfilme die den Jungen und junggebliebenen gefallen könnten, wären aufgrund ihres Kultcharakters, der Horrorschocker *Jeepers Creepers,* wobei Teil 1 um Längen spannender, nervenaufreibend und durchdachter war als Teil 2.

Stephen Kings Meisterwerk „ES", darf auch nicht in einer guten Sammlung fehlen.

Weitere Kultstreifen andrer Art, die nicht zu verachten wären, sind natürlich sämtliche Adam Sandler Filme, dann die Comicverfilmung **Spawn,** in dem ein

Höllengesandter, wut- und rachelüsterner Spawn, also die Ausgeburt dieser, jener Hölle, alles niedermetzelt, was sich ihm in den Weg stellt.
Prädikat sehr gut auf der Maniacscala.

Generationsproblem alter und junger Menschen:

Grundsätzlich gilt, alten Menschen sollte man Respekt und Verständnis entgegenbringen.
Das jahrzehntelange Wissen kann euch jede Menge übers Leben erzählen. Doch ist es nicht immer leicht wenn diese 2 Generationen aufeinandertreffen.
Die Ansicht der Älteren deckt sich vielmals nicht mit deren der Jungen. Aber durch Reden und Zuhören kann man einiges erfahren.

Es gibt verschiedene Spezies alter Menschen:

1. *Der / die Stadtneurotiker(in).* Sie nerven ihre Umgebung, besonders die Jugend mit Streitereien, Sticheleien bis hin zu Anzeigen. Wie sollte man ihnen entgegen wirken? Naja dies genau zu erklären, erweist sich als etwas mühsam. Allgemein kann man nur die Freundlichkeit bewahren. Das ärgert diese Menschen wenn sie keinerlei Grund zur Beanstandung haben. Das ärgert sie maßlos.

2. *Die lieben Großeltern:*

Ja, wer liebt sie nicht, die Großeltern genießen Kultstatut. Immerhin ist so ein Besuch bei den 2 Seeligen, mit Süßigkeiten und liebevollen Worten verbunden. Wenn es dann auch noch Geld gibt, ist der Besuch perfekt.

3. Die bösen Großeltern:

Sie kritisieren und meckern wo es geht. Ein Besuch bei ihnen rangiert auf der Beliebtheitsscala weit hinter einer Wurzelbehandlung beim Zahnarzt. Wenn man Kohle bekommt ist dies hart verdientes Geld.

4. Die allein stehende Omi: Sie braucht Leute, die ihr zuhören, die ihre Einsamkeit überbrücken. Sie lässt gern mal was springen, sei es nun Kohle oder mal 'nen bezahlten Einkauf wenn man sie von Geschäft zu Geschäft chauffiert. Seid lieb zu ihr.

Im Grunde haben pubertierende Jugendliche und alte Menschen dasselbe schwere Los. Da man nur schwer versteht warum sie Probleme haben. Am besten steigen die Erwachsenen bei dieser Problematik aus.

Problem Religion:

Meiner Meinung gibt es zu viele Religionen. Jesus hin Petrus her. Fakt ist, niemand auf diesem Planeten hat Gott je gesehen und gehört. Generell denke ich, was ich nicht gesehen habe gibt es nicht.

Besonders die Jugend ist sehr von unserem katholischen Glauben enttäuscht.
Wenn er uns in der Schule eingetrichtert wird, oder wie gütig Gott und die heilige Dreifaltigkeit ist und dass der Glaube Berge versetzen kann. Aber Tatsache ist, dass die ganze heilige Heuchlerei in früheren Zeiten, und zum Teil noch heute, zu Hexenjagden, Verbrennungen, Erniedrigungen, Vergewaltigungen und heute noch ist bekannt, dass so mancher Dorfpfarrer Kinder sexuell missbraucht und verheiratete Frauen schwängert.

Als bekannt wurde, dass heute noch Exorzismus betrieben wird, wo sogar der eine oder andere Papst mitwirkte, bei Leuten die meistens dabei verstarben, da sie nur psychisch krank waren,
hätte man besser Sigi Freud als den Papst geholt.

Warum glaubt ihr, dass heutzutage mehr Menschen denn je aus der kirchlichen Gemeinschaft austreten.
Allein die Tatsache, dass die Kirchensteuer von keinem geringeren als Adolf Hitler eingeführt wurde lässt mich erschaudern.

Eine kleine Anekdote aus meiner Erinnerung an die kirchliche Fehlbildung.

Als mein Vater vor 29 Jahren verstarb, hatte meine Mutter einen Haufen Schulden. Wir hatten nichts zu beißen, aber die Kirchensteuer wurde immer bezahlt, doch als sie dann eine Zeit nicht mehr bezahlt werden konnte, stand eines Tages der Exekutor vor der Tür. Sehr christlich! Menschen in Not! Statt Nächstenliebe zu praktizieren, ihnen das Hab und Gut zu stehlen. Seht nur mal in eine Kirche! Für arme bedürftige Menschen eine große Verarschung.

Dort stehen wertvolle Gemälde, Statuen, Kelche aus Gold. Sie trinken vor der Gemeinde Alkohol aus dem „heiligen Kelch" das nennen es „Blut Christi", sie machen Hostien aus Mehl, Salz, Wasser und sagen dazu „Leib Christi". Eine Fahrlässigkeit und Hohn für die Bedürftigen und logisch Denkenden.

Jesus Christus müsste sich veräppelt fühlen, wenn er sowas sähe.

In der ganzen Welt gibt es Milliarden Christen, die nichts zu essen haben und die Kirche wird prunkvoll und glamourös um viel Geld errichtet. Außerdem, Jesus in Erinnerung zu halten als nackten, gepeinigten Mann, ist in meinen Augen gröbste Blasphemie.

Genauso wenn wir gesagt kriegen, wenn wir den einfachen Weg gehen, kommen wir in die Hölle. Vielen Jugendlichen wird schon bei der Firmung eingebläut, wenn sie die Vorprüfung zur Firmung nicht schaffen, oder wenn sie nicht regelmäßig die Kirche besuchen, dürfen sie nicht zur Firmung antreten.

Reine Scheinheiligkeit, man kann doch den Glauben nicht an die Kirche binden, wo Materialismus extrem betrieben wird. Denkt mal nach, seht euch den Prunk in den Gotteshäusern an. Oder die Legalität einer Kirchensteuer.

Und was kann schon passieren. Naive Boys und Girls glauben dann womöglich, dass sie bei nicht Erhalt dieser, jener Firmung, für ewig verbannt werden und in die ewige Verdammnis kommen.

Weit gefehlt! Macht euch keine Sorgen, denn Tatsache ist, dass Satan und das Fegefeuer eine Erfindung der Kirche ist und nichts mit der Realität zu tun hat.

Wenn wir schon beim Satan sind, wer auch immer dieser Mann sein soll, so wird moderne Musik, meistens Rock und alle Abwandlungen dieser Stilrichtung als Musik des Teufels interpretiert.

Jedes Mal wenn jugendliche jemanden ermorden oder Selbstmord begehen, wird dies auf das Hören von Rock und Heavy Metal Musik zurückgeführt.

Angeblich sollen auf deren Vinyl Platten, die schon seit einiger Zeit von der CD abgelöst wurde, beim rückwärts Spielen dieser Tonträger satanische, unterschwellige Botschaften drauf sein.

Bestes Beispiel einer Gruppe, denen vorgeworfen wurde am Selbstmord zweier Jugendlicher schuld zu sein, wäre Judas Priest. Aber dazu benötigt man schon eine gehörige Portion Fantasie und Verfolgungsangst, denn da müssten schon viele Menschen gestorben sein, bei der kräftigen Anzahl von Heavy Metal Bands. Es könnten ja überall so Botschaften drauf sein.

Die Kirche ist ein schrecklich heikles Thema. Lasst euch nichts erzählen wovon ihr nicht überzeugt seid. Seid laut, sagt eure Meinung, macht euch nicht zum Sklaven der Gesellschaft.
Strengt euch an. Der Spruch, „Nicht für die Schule lernen wir, nein, sondern fürs Leben", ist die nackte Wahrheit.
Auch ich dachte damals, dieses scheiß Gelerne hab ich satt, ich werde ja sowieso ein Rockstar. Aber nein es kam alles sowas von ganz anders. Ich vergeudete meine Tage mit Bier saufen, Weiber poppen und Heavy Metal hören.
Ich lernte die Texte auswendig, kiffte mir die Birne weg und machte keinerlei Sport. Endergebnis, ich fiel in der Schule durch, ich besuchte die Handelsschule und sollte Handelsvertreter werden, sehr aufregend, und war körperlich und psychisch ein Fall für die Klappsmühle.
Für mich ist es reinste Therapie euch mit meinem Wissen und Erlebten, helfend zur Seite stehen zu können.
Dieses Leben gehört euch, lasst es nicht zu, euch eure Träume zerstören zu lassen.

Zum Thema Träume

Jeder hat so seinen Traummann bzw. Traumfrau. Für den einen ist es Cameron Diaz für die andere Brad Pitt.

Geschmäcker sind verschieden. Doch die Zeit die mit dem 1. Feuchten Traum beginnt ist etwas besonderes, man beginnt sich für Mädchen zu interessieren. Doch Mädchen sind ein eigenes heikles Kapitel.

Mädels können fies sein, wenn es um körperliche Annäherung geht. Sie spielen regelrecht mit den Jungs. Ist die Zeit als Jugendlicher nicht schon schlimm genug, nein, geben einem die Mädels das Salz in die Wunden.

Aber auch Jungs habens faustdick hinter den Ohren, was freilich auch auf den Gruppenzwang zurückzuführen ist, und dass man den Oberchecker raußhängen lassen will, oder muss.

Der Druck, der auf einem in Sachen Liebe lastet ist enorm. Anfangs in der Mannwerdung wissen die Boys nicht so recht was denn nun abgeht. Da sind auf einmal unbekannte Gefühle. Man fühlt sich zu Mädchen, die man früher noch gehasst hat plötzlich extrem hingezogen. Keine Angst, da muss jeder durch. Bei den Girls ist es aber ähnlich, nur die sind uns Männern um ein paar Jahre voraus.

Was tun?

Antwort: Lasst den Dingen freien Lauf, sie kommen sowieso auf euch zu, ob ihr es nun wollt oder nicht.

Seid offen für Mädchen, denn die Liebe zu einem Mädel ist etwas besonderes, doch führt dieses Empfinden gegenüber anderen Jungs oft zu Konkurrenzdenken, das heißt, der eine Junge möchte dem anderen insofern übertreffen mit der Anzahl seiner bisherigen Freundinnen.

Das wäre ja nicht tragisch, da man heutzutage schon mit 15 oder manchmal sogar mit 14 Jahren bei den Jungs das erste Mal Geschlechtsverkehr auch Sex genannt, hat.

Doch der Sex zwischen Jugendlichen heißt noch lange nicht dass man automatisch zum Mann wird, das ist nichts weiter als Angeberei. Aber es ist ohne Zweifel ein Zeitpunkt, ja ein Augenblick, den man nie vergisst.

Dieses Mädchen, dieser Augenblick für ein ganzes Leben in Erinnerung. Genießt diesen Zeitpunkt und habt keine Angst, aber zum Sex gehören unbedingt Verhütungsmittel, wie die Pille für die Frau und das Kondom für den Mann. Erkundigt euch auch wenn es euch peinlich ist, z.B. bei euren Eltern, oder beim großen Bruder oder Schwester, wenn ihr diese habt.

Keine Furcht, da mussten wir alle mal durch.

Früher war dieses Thema tabu, man wurde als Geschlechtsreifer Boy oder Girl förmlich ins kalte Wasser gestoßen. Heute ist man, so hoffe ich, im Allgemeinen schon so weit, dass man als Eltern für

eine ausreichende Aufklärung über diesen
Lebensabschnitt sorgt.

In einem so jungen Alter schaut man bei den Mädels
meistens aufs Aussehen, ist sie blond, ist sie schlank
oder hat sie ein süßes Lächeln.
Das sind hauptsächlich Einstellungen, die im Laufe der
Zeit nachlassen.

Was bringt die schönste Braut, wenn sie in der Birne
hohl und arrogant ist.
Mit dem Alter lernt man andere Werte zu schätzen
aber das merkt ihr noch früh genug. Und Tatsache ist,
dass die erste Freundin zu fast 100 Prozent nicht die
letzte oder einzige Frau in eurem Leben sein wird.

Liebeskummer, gebrochene Herzen, da muss ob
Männlein oder Weibchen, durch. Es bringt nichts
durchzudrehen oder sich gar umzubringen, denn
andere Mütter haben auch schöne Töchter oder
Söhne.
Alles geht weiter, auch die Gewissheit dass man
diesen Menschen in Zukunft nicht mal mehr küssen
kann.
Aber mit der Zeit ist es wie im Lotto, alles ist möglich,
auch, dass man mit einem geliebten Menschen wieder
zusammen kommt, ist keine Seltenheit.

Wenn 2 Menschen zusammen gehören, finden sie
sich vielleicht wieder.

Dann hat man mehr Erfahrung und harmonisiert auch besser.
Sag niemals nie! Also gebt die Hoffnung auf einen Neubeginn nicht auf. Und passt auf eure Taten auf. Denn nur ein Seitensprung, einmal fremdgehen kann viele Jahre der Liebe und des Vertrauens auf einen Schlag zunichtemachen.

Die Liebe ist wie eine Orchidee, hegt und pflegt man sie, hat man lange Zeit schöne Aussichten, vergisst man mal darauf, verwelkt sie.

Mit 17 Jahren dürft ihr offiziell den Führerschein machen. Doch die meisten Führerscheinneulinge glauben dann oftmals, dass sie fahren können wie Kimi Raikkönen.

Das nächste Problem wäre der Alkohol.
Dieser wird meistens unterschätzt, denn wenn man die meisten Männer fragt ob sie denn nun volltrunken fortfahren würden, bekommt man meist die Antwort: Ich vertrage schon einiges, so ein Bierchen oder 2 oder mehr machen mich zu keinem schlechteren Autofahrer. Damit kommt in Folge überhöhtem Alkoholkonsums die Selbstüberschätzung.
Alkohol in welcher Form auch immer führt dazu, zu glauben, man sei ein unfehlbarer Rennfahrer, was die im TV können, kann ich schon lange.
Tja und so enden viele junge Menschen mit 200 Sachen im Baum. Drum wie es schon oft im

Fernsehen oder im Radio und auf Plakaten gepredigt wurde: Don´t drink and drive! Das passt nicht zusammen und kann unschuldige Leben auslöschen. Die Alkolenker überleben dann meist als einzige und müssen mit den Folgen leben, was sich extrem auswirken kann.

„Was kann mir schon passieren?" „Das bisschen Bier, ich kann super autofahren".
Alles Sätze, die einen an den Rollstuhl fesseln, oder ins Gefängnis bringen können. Wer kann schon mit der Gewissheit leben, für den Tod von Menschen vielleicht sogar an Müttern, Kinder oder Familienväter schuld zu sein.

Auch ich habe in meinem Leben schon einige geliebte Menschen durch Alkohol am Steuer verloren.
Und ich verspüre heute noch Hass gegen die Alkolenker und generell gegen Alkohol jeglicher Art.

Dieses Teufelszeug hätte immerhin fast mein Leben zerstört.

Weiteres Problem:

Mädchen vor allem jene, die noch keinen Führerschein oder Auto oder Beides haben, suchen sich mal gerne einen Typen mit Auto, der sie dann durch die Gegend chauffiert.

Die finden meist nicht euch, nein, sie finden die Tatsache einen motorisierten Freund zu besitzen, äußerst sexy.

Und so kommt es häufig vor, dass „Mann" auch zeigen will, was er unter der Haube hat. Und steigt kräftig aufs Gaspedal
So kommt es dann dass der Mini-Niki-Lauda unter Druck steht und dank seiner minimalen Fahrpraxis die Herrschaft über seinen getunten Golf oder was auch immer für ein aufgemotztes PS-Monster, verliert und einen Baum oder die Ackerlandschaft küsst.

Wie uncool

Ein Freund von mir war vor einigen Jahren so ein Wackelkandidat, er wollte zeigen was er so drauf hat, und fabrizierte einen erstklassigen Crash.
Dabei wurde seine Freundin verletzt. Er hatte, wie es so oft vorkommt, keinerlei Verletzungen.
Und so musste er wegen seiner angeschlagenen Freundin ins Gefängnis. Und es kam wie es kommen musste. Während er im Knast saß, hatte sein Girl sich 'nen anderen Loser mit Auto geangelt und er stand allein da, mit einem Haufen Schulden.
Gleiches gilt natürlich auch für Motorradfahrer. Dabei hab ich auch schon mal 'nen Freund verloren. Und einer hat zwar überlebt, jedoch sitzt er jetzt im Rollstuhl.

Daher überschätzt euch nicht. Rasen mag vielleicht cool wirken, doch in Wahrheit ist es ein selten dämliches, verantwortungsloses Handeln.

Fragwürdiger Luxus Zigarette:

Früh fängt „Mann" und auch immer mehr Frauen mit dem Inhalieren von Giftstängeln an.
Für die meisten, vor allem Jugendliche, haben Zigaretten den Kultstatus, cool zu sein. Doch Ziggis sind alles andre als lässig. Die Folgen jahrelangen Konsums von Nikotin sind schon bei Jugendlichen Rauchern unglaublich. Sie behindern das Wachstum, möglicher Nebeneffekt ist auch Impotenz bis hin zum Lungenkrebs.
Auch Asthma und Bronchitis sind die Folgen.

Gut erinnern kann ich mich noch an meine Raucherbronchitis, die bis hin zum Erbrechen ging. Es war grausam, da ich nicht mal meiner Arbeit nachgehen konnte, da ich gerade eine Verkäuferlehre machte und dadurch unfähig war, Gespräche mit Kunden zu führen.
Medizin die ich dagegen bekam wirkte nichts, ich kotzte alles wieder raus, was mir zugeführt wurde.

Also ich kann der Meinung, Rauchen ist cool nicht zustimmen. Aber es bleibt jeden selbst überlassen ob er sich das antut oder nicht, außerdem artet das Rauchen sowieso schon in Luxus aus.

Achtet darauf wenn auch ihr so lässig drauf sein wollt wie die anderen, dass eine einzige Packung Ziggis heutzutage um die 4 Euro kostet. Das alles zusammen muss doch Argument genug sein, um erst gar nicht zu Rauchen zu beginnen.

Das Beste ist ja, dass oft behauptet wird, dass man zum Mann wird wenn man raucht. Naja, ich finde dass ihr auch ohne Glimmstängel Männer werdet und Ziggis sind nur Schnullerersatz für erwachsene Dummies.

Hat man damit erst mal angefangen, kommt man nur sehr schwer wieder los.
Man wird schnell süchtig, es ist ein Teufelskreislauf.

Wenn Kinder, Kinder kriegen:

Schwangerschaften in der Pubertät sind ein heikles Problem. Aber nicht unlösbar.
Wie schon beim Thema Sex und Verhütung besprochen muss man besonders in der Jugend sehr vorsichtig sein, da eine Schwangerschaft zu diesem Zeitpunkt im Leben, ich gehe mal von einem Alter so zwischen 13-18 Jahren aus, für eine Jugendliche fast nicht zu bewältigen ist.

Klar gibt es Ausnahmen, sehr häusliche Mädchen die sich schon immer viele Kinder gewünscht haben und genug Unterstützung kriegen, doch das ist nicht die Regel.

Das Beste wäre, dass man erst mal sein eigenes Leben regelt, sich auslebt und erst dann sagt, „OK, jetzt passt alles ich kann mich voll und auch finanziell auf mein Kind konzentrieren".

Denn ein Kind benötigt viel Geduld der Eltern und Verständnis. Allerdings ist der finanzielle Aspekt nicht gerade rosig. Man bekommt für ein Kind in der Karenz nur einen Pappenstiel. Eine erstklassige Schweinerei, es gibt zwar einige Unterstützungen die man erst ansuchen muss, denn freiwillig schenkt einem der Staat, nein besser gesagt, die Regierung, der Staat wäre ja unsere Wenigkeit, nichts, aber auch gar nichts. Und hat man das unglückliche Los gezogen und du bist von einem One Night Stand schwanger, noch dazu wenn der Bursche dir nicht bekannt ist, du ihn auch nicht mehr findest, dann ist die Problematik enorm.

Als Alleinerzieherin in einem blutjungen Alter bleibt dir entweder das Elternhaus welches für Rückhalt sorgen kann, oder aber, wenn auch sie dich verstoßen, was bei diesem Thema oft vorkommt, dass du in ein Frauenhaus gehst, dass auf junge ausgestoßene Mütter spezialisiert ist.
Auch als Jugendlicher Papa zu werden, kann extreme Folgen und Veränderungen mit sich bringen.

Um einen kleinen Erdenneuling ein halbwegs schönes
Leben bieten zu können, muss dieser junge Mann erst
mal Einbußen zum Wohle des Kindes hinnehmen.
Nur viele dieser Jungväter glauben automatisch ich
hab ein Kind, jetzt bin ich ein Mann.
Weit gefehlt, denn es bedarf schon einiger Taten
mehr, um ein richtiger Mann und guter Vater zu sein.

Da die Mutter des Kindes arge Geldeinbußen
hinnehmen muss und man als Vater entweder kein
Geld verdient oder in der Lehre nur wenig, wird's
unmöglich ein Kind in die Welt zu setzen.

Dann passiert das, was einem Mann die schulische
und die spätere Karriere zerstören kann. Dieser muss
dann wohl oder übel eine Arbeit suchen. Ob sie ihm
gefällt oder nicht. Hauptsache Kohle schaut rein.
Tja man könnte das kleine Kindchen zu seinen
Großeltern geben, um ihm ein schönes Leben zu
ermöglichen.
Doch dann werden für das Kind die Großeltern ihre
Eltern sein. Da sie den ganzen Tag für sie oder ihn da
sein würden.

Bei mir wars nicht anders, meine Eltern mussten Beide
arbeiten gehen, um Geld heran zu schaffen. Und so
sagte ich zu meiner Omi, nach einiger Zeit, Mama.
Ich hatte es sehr gut bei meinen Ersatzeltern. Doch
eine Lösung war es auf Dauer keine. Weil ein Kind
nun mal seine Eltern braucht.

Darum verzichtet auf keinen Fall auf Kondome, denn die Pille kann versagen. Wäre nicht das erste Mal, dass so was passiert. Außerdem ist man in diesem Alter mit sich selbst nicht im Reinen. Diese Kinder die schwanger werden sind ja noch ganz ohne Erfahrung. Das kann nicht gut gehen. Zumindest nicht ohne Unterstützung.

Kulturproblematik:

In den letzten Jahren ist im mitteleuropäischen Raum durch Osterweiterung und Mauerfall das Phänomen Ausländerproblematik entstanden.
Die Asylwerber aus Russland, Türkei und den weiteren Ländern Richtung Bosporus und Wolga, überschwemmen ganz Mitteleuropa.
Besonders Jugendliche, Schüler usw. bemerken dies täglich an Schulen, in der Arbeit und auch im Kindergarten. Andere Sitten, unverständliche Bräuche, fanatische Religiosität. Lauter Probleme die nicht gerade zur Integration beitragen.

In öffentlichen Schulen haben die inländischen Kids nicht viel zu lachen, denn der Bandenwahn nimmt schnurstracks überhand.
Während in früheren Zeiten Raufereien in Schulen eher harmlos waren, ist es heutzutage so, dass die Gewalt und Brutalität beängstigende Ausmaße annimmt.

Neuerdings werden Prügelopfer bei ihrer Pein mit Videohandys gefilmt und ins Internet gestellt.
Da gibt es sogar eigene Websites, wo man sich diese anschauen kann.
Meiner Meinung nach gehört so ein abartiges Verhalten in die unterste Schublade.

Was können Eltern hier noch tun?

Eigentlich nicht viel, da dieses Verhalten in einen Teufelskreis ausartet. Doch man sollte auf das Kind mehr eingehen, um die Problematik zu erkennen und die Kids müssen Vertrauen spüren, merken, dass wer für sie da ist.
Sie müssen aus sich herausgehen können, wissen, dass da wer ist, der für sie da ist, egal was passiert, dafür gibt es Eltern.

Verbote, Hausarrest und etwaige Bestrafungen frustrieren das Kind nur noch mehr und bringen es noch mehr in Bedrängnis. Ein guter Freund von mir machte diesen Doppeldruck, die Bestrafungsachse, Schule- Eltern mit 17 Jahren nicht mehr mit, rammte sich ein Messer ins Herz und verblutete unter einer Brücke.

Danach fragt sich jeder nach dem „Warum".

Die Eltern sollten sich merken: Was du nicht willst,
das man dir tu,

das füge auch
deinem Kind nicht zu.

Sie werden es euch danken.
Eltern und Kind müssen ein Team sein. Nicht nur die
Autorität. Klar an der Nase herumführen sollte man
sich auch nicht lassen. Aber bestimmend und im
gesunden Maße.

Gewalt Erwachsener gegen Kinder:

Es gibt ein ganzes Spektrum an Abartigkeiten. Kinder,
besonders Mädchen gehören aufgeklärt über
Gewaltverbrechen. Bestimmte Regeln sollte man als
gefährdetes Mädchen befolgen.
Anfangs sollten sie sowieso von ihren Eltern in die
Schule begleitet werden.
Kinder dürfen auf keinen Fall alleine mit unbekannten
Erwachsenen reden und schon gar nicht in ein Auto
zusteigen.
Sie müssen sich über mögliche Konsequenzen im
Klaren sein. Aber dabei darf man nicht vergessen dass
man es mit jungen, unerfahrenen, unschuldigen
Kindern zu tun hat. Daher wäre es ratsam die ganze
Aufklärung kindgerecht zu erklären.

Laut schreien, lernen sie ihren Kindern, dass sie in
bedrohlichen Situationen gellend laut schreien sollen.

Auch wurde erwiesen, dass, wenn Kinder „Hilfe"
schreien, die Leute oft nicht reagieren. Wenn sie
allerdings „Feuer" schreien, reagieren die Leute schon
eher.
Traurig aber wahr.
Die Gesellschaft ist heutzutage eine soziale
Schwachstelle. Niemand reagiert in diesen Zeiten,
wenn jemand Hilfe braucht.

Zum Beispiel: Spendenappelle, zum Spenden für
bedürftige Kinder in Äthiopien werden eher befolgt, als
dem kranken Nachbarkind zur Hilfe zu eilen.
Je weiter die Hilfsaktion entfernt ist umso lieber wird
gespendet.

In Kalifornien ist es so dass Triebtäter, Kinderschänder
und Vergewaltiger ins Internet kommen mit Namen
und Adresse.
Deshalb, um Familien und Kinder vor solchen
Abartigen zu schützen. Denn wer einmal auf ein Kind
losgelassen wurde und der dann wieder frei kommt,
bei dem ist es nur eine Frage der Zeit bis er wieder
zuschlägt.
Therapie hin, Therapie her. Es ist auch erwiesen, dass
man diese Neigung nicht wirklich heilen kann.

Auch eine Alternative ist, das Kind für eine
Kampfsportart zu begeistern, aber dies funktioniert
natürlich nur, wenn die Kleine oder der Junge auch
wirklich will. Doch lernt man dort viele nützliche Tricks,

die es einem hoffentlich nicht ganz so leicht machen, das Kind zu etwas zu zwingen.
Sagt eurem Kind, dass es Umwege durch ein Waldstück, oder sonstige ablegende Gefilden unterlassen muss.
Immer schauen ob genug Leute um einen sind.
Man kann sich da zwar auch nicht ganz darauf verlassen dass jemand hilft, aber sicherer ist es trotzdem.

Sexuelle Übergriffe in der Verwandtschaft:

Kinder neigen oft dazu zu schweigen, wenn etwas passiert ist, von dem sie nicht wissen, dass es nicht OK ist.
Doch aufmerksamen Eltern müsste recht rasch auffallen, wenn das Kind sein Verhalten ändert, sich zurückzieht von der Umwelt. Wenig, bis gar nichts zu sprechen, ist auch oft ein Zeichen.
Eine Lösung wäre es, mit dem Töchterlein oder dem Sohn, einen Kinderpsychologen aufzusuchen, der anhand der Gegebenheiten im Fehlverhalten, meist die richtige Diagnose stellt.

Häufig ist auch die Unverantwortlichkeit vieler Mütter, ihren Männern, oder überhaupt erwachsenen Verwandten mehr Glauben zu schenken, als ihren eigenen Kindern.

Schämt euch!

Kinder und Jugendliche, die so ein Martyrium mitmachen mussten, noch dazu durch Menschen, denen sie blind vertraut haben, haben fast immer in Zukunft ein gestörtes Liebesleben.

Man kann wirklich sagen, was für den offensichtlich gestörten Vergewaltiger ein einfacher Orgasmus, den er straffrei in jedem Bordell bekommen hätte, ist ein seelischer Mord, der auch oft zu einem Selbstmord der Geschändeten ausartet.
Es mag schon oft so sein, dass Kinder eine blühende Fantasie haben, doch grundsätzlich solltet ihr auf jedem Fall euren Sprösslingen Glauben schenken.

Denn Triebtäter aller Art, sind Kinderseelenmörder und gehören auch dementsprechend schwer bestraft.

Wie kann man den Kindern, die solche Grausamkeiten mitmachen mussten, nun helfen?

Klar, ich bin kein Psychologe, aber der klare Menschenverstand sagt mir, dass diese armen Geschöpfe viel Liebe, Zuneigung und Verständnis von allen Seiten brauchen.
Gebt ihnen Aufgaben, die sie von dieser schrecklichen Erinnerung ablenken, aber es muss ihnen auch Spaß machen, sonst würden sie ja noch mehr unter ihrer Pein leiden.

Und wenn ihr schon einen Aufpasser für eure Kinder nehmt, dann erkundigt euch akribisch, gründlich über diese Person. Erst wenn keine Zweifel mehr bestehen könnt ihr sie auch engagieren.

Noch eine Anmerkung: Stellt grundsätzlich nur Mädchen oder Frauen ein, am besten aus der Verwandtschaft, da man die nicht erst lang suchen muss, sollte es ein Problem geben.

Sicher denkt ihr jetzt, was kann eine Frau meinem Kinde schon antun, zumindest sexuell nicht viel, aber sind die Nerven erst mal angespannt, kommt es auch vor, dass diese Verwandten, sei es nur Cousine oder Tante des Kindes, mal die Hand ausrutscht, oder es körperlich misshandelt wird.
Auch hier tritt nun der seelische Mord ein, denn wie soll euer Nachwuchs nach solchen Misshandlungen noch Vertrauen in die Menschen haben.
Kinder von brutalen Eltern suchen Stärke oft in kriminellen Gruppen oder mit fragwürdigen Perspektiven.
Hass regiert diese bemitleidungswürdigen Jugendlichen. Sie sahen im bisherigen Leben nur Hass, Brutalität und miserable Erziehung unfähiger Eltern.

Vater ein Schläger, Mutter eine Alkoholikerin. Wohin soll sich dieser Jugendliche nun wenden.

Da kommen diverse politisch angehauchte Banden gerade recht.

Bei diesen Leuten, die oft den Rechtsextremismus ohne jegliches Fachwissen betreiben, ist man vollwertiges Mitglied. Sie stehen dir bei, in Not, wenn es keinen anderen Ausweg gibt, von der politischen Sichtweise lässt man sich als unerfahrener Jugendlicher schnell, ohne eigene Meinung, überzeugen.

Weitere Gruppierungen Jugendlicher:

Daneben, das totale Gegenteil was Politik betrifft, sind Punks.
Sie hassen Rechtsradikale und das ganze Politsystem.

Auch ihre Politvorstellung ist etwas fern von der Wahrheit und in der Gesellschaft sind sie, wie auch die Skins, nicht gerne gesehen.
Doch unsere Gesellschaft ist bespickt von Vorurteilen. Gegen Nazis, Punks, aber auch von jeglichen Teenagern.
Naja, eigentlich macht schon das Äußere dieser Gruppierungen diese Meinungen aus.

Wenn man sich die Punks ansieht mit ihren Irokesenfrisuren und zerrissenem Outfit und Ringe in allen möglichen Körperregionen, aber auch die Skins sehen für „Otto Normalverbraucher" mit ihren Glatzen und Bomberjacken, nicht gerade vertrauenserweckend aus.

Klar, das wäre schon ein gewaltiges Vorurteil, aber in Wahrheit bemühen sie sich ja auch nicht eben, und ihre Vorurteile gegenüber der normalen Masse, sind auch nicht ohne.

Diese Politgruppierungen sind nun ja wirklich nicht gesellschaftstauglich.

Sad but true!

Hooligans sind auch so ein Schwachpunkt, sie fahren wie alle Sportbegeisterten zu Fussballmatches. Aber anders als die Anderen, interessiert sie nicht das Spiel, sondern wie man am schnellsten Randale machen kann.

Meiner Meinung ist dies eine grottenschlechte Einstellung und gehört von den Menschen normaler Art weggesperrt.

Die Zukunftsperspektiven dieser Idioten enden meist mit einem Daueraufenthalt im Knast.

Dort wird man sie sicher ganz lieb haben.

Deshalb brecht aus, aus solchen feigen Gruppierungen. Wollt ihr im Leben noch etwas erreichen, dann solltet ihr euch von dieser Bande schleichen.

Aber, dass dies nicht einfach ist, ist leider auch
Realität. Vielmals wird einem mit dem Tod gedroht.
Sollte dies so sein, dann sofort ab zur Polizei.
Da gibt es auch noch die Proleten. So werden im
Allgemeinen peinliche Personen, die kein Benehmen
haben, meistens Bauern sind oder täglich einige Bier
zischen und glauben unwiderstehlich zu sein. Sie
meinen, dass sich die Sonne um sie dreht.
Mit ihren hellblauen Kaufstraßen Jeans und ein
gestrickten T-Shirts, ja sogar Pullover werden in die
Hose gepellt. Wenn diese Persönchen mal auf den
Putz hauen, dann gleich ordentlich. Ja genau und da
gehen sie auf ein Shakira-Konzert.

Diese Typen sind ganz wie ihre Eltern von Alkohol
sehr angetan, denn nach dem Genuss diverser Wein
und Biersorten, zeigen sie dann ihr wahres Gesicht.
Aber man darf sie nicht alle in einen Topf werfen.
Unter ihnen gibt es, wie in jeder Gruppe, auch klasse
Typen.
Und über Geschmack lässt sich ja bekanntlich streiten.

Das glatte Gegenteil sind die Gruftis

Sie sind mit sich selbst und der ganzen Welt
unzufrieden. Partys auf Friedhöfen sind für sie
Bestimmung.
Ihr Äußeres ist für Alltagsmenschen sehr
gewöhnungsbedürftig.
Die Einstellung zum Leben ebenso.

Gruftis tragen vorwiegend schwarz und sind grundsätzlich toter als lebendig.

Die Musikgruppen gehen von The Cure über The Mission zu den Sisters of Mercy.
Eine harmlose Gruppierung und coole Musik.

Die Satanisten: Die Kontrabewegung zu Kirche.
Sie verehren Satan, schlachten Hühner um Opfergaben zu spenden, ganz extreme schlachten sogar Menschen.
Sie sind moderne böse Hexen.
Fluchbeschwörungen stehen an der Tagesordnung.
Vorwiegend tragen sie gerne Reptilienkontaktlinsen und hören oftmals Marilyn Manson, obwohl dieser eher zu den konservativen Künstlern dieser Szene gilt.
Denn es gibt härtere, bessere und unbekanntere Bands.
Die Zukunft sogenannter Satanisten, ist eher fragwürdig und reicht vom Knast, sollten sie Menschenopfer bringen, bis hin zur Normalität, aber auch die Klapse wäre durchaus möglich.

Satanisten können sehr gefährlich werden. Sollten diese ihre Passion ernst nehmen, dann legt man sich besser nicht an.
Charles Manson ist eines ihrer Idole, dieser Mann richtete vor ca. 30 Jahren ein Massaker an, tötete Roman Polanskis schwangere Frau und riß ihr das ungeborene Kind aus dem Leib.

Ein schönes Vorbild.

Doch die gefährlichste, weil ständig auf Heroin, sind die **_Junkies._**

Bei dieser Gruppe heißt es einen großen Bogen zu machen. Denn öfters kommt es zu einer Attacke dieser Süchtigen, mit einer Spritze.

Da extrem viele Junkies durch benutzte Injektionsnadeln sich mit HIV anstecken. HIV ist eine weitgehend tödliche Krankheit, obwohl schon seit über 20 Jahren erforscht, doch noch immer gibt es keine 100 Prozentige Heilung für diesen Virus.

Schon durch einen Schuss Heroin in den menschlichen Organismus ist man 100 Prozent süchtig. Diese Droge endet fast immer mit dem Tod, meist durch den sogenannten goldenen Schuss, das heißt, mit einer Überdosis Heroin.

Ein Freund von mir war jahrelang süchtig. Nach einem menschenunwürdigen Entzug, ist er jetzt im Metatonprogramm, das ist ein Entzugshilfsmittel, doch er leidet nach wie vor wie ein Hund.
Ist kein schöner Anblick.

Meine eigene Band:

Fast jeder Jugendliche träumt davon in einer Band zu sein. Einige schaffen es, viele aber auch nicht. In diesem Alter ist man leider etwas naiv, wenn es darum geht in eine Heavy Metal, Hip Hop oder sonstigen Band zu sein.

Jugendliche glauben, dass es schon genügt, wenn man ein bisschen grölen, rülpsen und auf ´ner Gitarre klimpern kann.
Doch so einfach ist es absolut nicht.

Erst mal muss wer im Stande sein, einen Song oder besser, mehrere Songs zu schreiben.
Dann heißt es proben, proben, und nochmals proben.
Danach muss man erst mal eine Demo-CD, die natürlich Kohle kostet, im Tonstudio aufnehmen. Diese dann an Plattenlabels schicken und anschließend heißt es viel hoffen und vor allem Geduld und weiter proben.

Auch Auftritte, verschiedene Gigs müssen arrangiert werden, um nicht in Vergessenheit zu geraten.
Von kleinen Erfolgen zehrend, können sie hoffen, vielleicht entdeckt zu werden. Aber schon minimal bezahlte Auftritte, wo auch immer, wären ein Riesenerfolg.
Lasst euch nur nicht unterkriegen und nicht nur an inländische Labels Demos senden, sondern auch ins Ausland.

Weiters gibt es sogenannte Battles, das sind Musikerwettbewerbe, bei denen es unter anderem Plattenverträge zu gewinnen gibt.
Nutzt jede Möglichkeit um aufzufallen, vor allem, bewahrt Ruhe, auch bei Rückfällen.
Denn das Hauptproblem vieler unbekannter Bands ist, zu schnell die Flinte ins Korn zu werfen. Ohne Willen werdet ihr außer Unkosten für ´ne Demo, Auftritte, Einschreibgebühren für Wettkämpfe, gar nichts erreichen.
Mir erging es nicht anders. Auch ich machte Musik, eher im Metalbereich. Ich performte 44 Stücke, allesamt selbst geschrieben.
Es sind teilweise brutale Texte, aus dem Leben gegriffen, denn das Leben ist nun mal brutal. Es ist der größte Kritiker, den es gibt. Mein Fehler war, dass ich die Stücke allein machte und die selbstgemachten Demos, da ich für Studioaufnahmen kein Geld hatte, an Firmen schickte.
Ohne Studioaufnahmen beißen wenig bis gar keine Labels an.

Bis heute bekam ich nicht eine Antwort. So hab ich meine Leidenschaft fürs Schreiben entdeckt.
Kundet eure Fähigkeiten, eure Talente aus.
Womöglich könnt ihr tierisch gut singen, oder Gitarre usw. spielen und ihr wisst es nur noch nicht.
Probiert alles aus, weil ihr nur einmal lebt.

Denn Talente sind ein Segen!!!

Das Generationsproblem Eltern:

Eltern sind in eurem Alter tierisch peinlich. Dabei war es in ihrer Jugend nicht anders. Ich könnte zwar von einigen von Euch der Papa sein, doch will ich auf keinem Fall zum alten Eisen gehören. In meiner Einstellung werd ich immer mehr der Jugend, als dem Alter, zugetan sein.

Doch egal was Eltern auch machen, ihr werdet euch für sie schämen und sie auch nicht verstehen. Lassen sie den Spießer raushängen, passt es nicht und gehen sie auf Konzerte oder in Discos, umgeben von Jugendlichen, ist es euch auch peinlich.
Dabei sind Eltern auch nur Menschen mit Interessen und Sehnsüchten. Die Erzeuger haben die Weisheit auch nicht mit Löffeln gegessen aber Tatsache ist dass sie einfach mehr Lebenserfahrung haben.

Eure Parents wollen euch nicht ärgern oder demütigen, sondern nur, dass ihr im Leben mehr erreicht als nur normaler Arbeiter zu werden. Im Grunde werden sie nur falsch interpretiert.
Und eine Autorität sollten die 2 Erzeuger allemal darstellen, denn Erfahrung ist unbezahlbar.
Klar es gibt auch sogenannte Väter und Mütter, die unfähig sind ein Kind zu erziehen, doch im Grunde ist

Erziehung eines Menschen Instinkt. Da auch sie vor nicht allzu langer Zeit jung waren und mit ihren Erzeugern ständig im Clinch waren, muss ausdrücklich geklärt werden.

Ich gehe mal davon aus, dass eure Eltern zwischen 35 und 45 sind. Naja, das wäre also die 70er und 80er Generation, das heißt, dass sie in diesen beiden Jahrzenten in eurem Alter waren.

Also analysieren wir mal ihre Jugend, damit ihr euch ein Bild davon machen könnt und zu verstehen lernt.

In den 70ern war alles viel lockerer, nur die Eltern waren nicht so tolerant wie es heute tatsächlich ist. Auch damals gab es schon Discos, besser gesagt ist in diesen Jahren das Discofieber entstanden.
An Musik gab es eine reichhaltige Auswahl.
Angefangen von Bands wie die BeeGees, Boney M, ABBA , die ja auch heute noch von der Jugend, wenn auch von verschiedenen Interpreten gehört werden.
Rod Stewart, ja der sang damals schon.

Für die Heavy Metal Fans gab es Kultkünstler wie Alice Cooper, vor allem mit der Nummer „Schools Out".
Kiss feierten ihre Höhepunkte in diesem Jahrzehnt.

Ozzy Osborne war in den 70ern sehr aktiv, auch mit der Gruppe „Black Sabbat".

Vorteile der 70er Jahre waren, mehr Arbeitsplätze. So konnte man heute bei der einen Firma kündigen und bei der Nachbarfirma wieder zu arbeiten beginnen.
Bei den Autofahrern gab es keine Gurtenpflicht, die Mode war ausgeflippt, wie in keinem anderen Jahrzehnt.
Viele hatten zwar keinen Fernsehapparat. Aber bei Jugendlichen war der Kinogang sehr beliebt. Ja es wurden sogar Zombiemovies die zu dieser Zeit begehrt waren regelmäßig gezeigt.

Außerdem war es nicht so streng mit Alkohol und Zigaretten wie heute.
Beliebt waren Filme wie Saturday Night Fever, oder The Fog, Nebel des Grauens. Die Vögel, das Omen, lauter gute Filme wie sie damals waren!

Elvis Presley z.B. hatte seine guten wie auch traurigen Höhepunkte in den 70er Jahren. Seine Konzerte waren stets ausverkauft und er wurde durch seine Eskapaden unsterblich, doch zum endgültigen King wurde er durch seinen frühen Tod 1977. Presley wurde im August dieses Jahres tot in seinem Badezimmer aufgefunden.

Offizielle Todesursache war Herzversagen durch seinen exzessiven Lebenswandel. Doch bis heute gibt es Fans, die sicher sind dass er noch lebt.

Jugendliche in den 80ern:

In den Anfängen der 80er Jahre herrschte in den Charts die Deutsche Welle, mit Hits wie „Major Tom" von Peter Schilling, Nena (99 Luftballons) usw.
Die deutsche Sprache war wieder am Aufholen. Die 80er waren aber auch eindeutig das Jahrzehnt der Popstars, mit dem King of Pop, Michael Jackson, Phil Collins, mit dem unvergleichlichen „In the air tonight", Nick Kershaw und Boy George, der ein sehr gewagtes Aussehen hatte.
Mitte dieses Jahrzehnts kam das Projekt „Band Aid" unter der Leitung von Sir Bob Geldof, das für die Armut der Menschen und Kinder Afrikas sang.
Es war eine sensationelle Aktion.

Die 80er waren aber auch von der neuen Krankheit Aids (wie schon besprochen), welche erst mal ein prominentes Opfer, in Rock Hudson fand.
Die Tatsache dass Hudson ein Frauenheld, zumindest in seinen Filmen war, aber in Wirklichkeit homosexuelle Neigungen hatte, war sehr skurril.

Dann 1986 die Katastrophe, das Atomkraftwerk in Tschernobyl ist zum Teil explodiert. Hohe radioaktive Strahlen tauchten Europa in Angst und Schrecken. Kinder durften nicht im Freien spielen, von Sandkisten gar nicht zu sprechen.
Viele Säuglinge kamen mit Missbildungen zur Welt.

Die radioaktive Strahlung brachte vielen Menschen den Krebs, die Folge von der Radioaktivität. Es gab Diskussionen über Sinn und Unsinn von Kernkraftwerken.
Ergebnis, viele kamen zu dem Urteil, dass diese gefährlichen Atommeiler keine Lösung sind.

Doch wie so oft in der Politik, wurde es so belassen wie es schon vorher war und das Problem ward stillgeschwiegen.

In den 80ern kamen Shows auf, welche es zum Teil heute noch gibt, jedoch dem Wandel der Zeit angepasst.
Zum Beispiel: Wetten dass, das Glücksrad u.v.m.

In dieser Dekade kamen Rockgruppen wie Bon Jovi, der ja heute noch einen Hit auf dem anderen landet. Metallica, Manowar aber auch Interpreten der Popmusik. die neben den schon genannten Michael Jackson .der mit dem Album Thriller einen Eintrag ins Buch der Rekorde schaffte, waren Madonna, die Ikone mit Songs, wie True Blue, Papa don´t preach u.v.m, unvergleichliche Hits landete.

Auch wenn ihr es euch nicht vorstellen könnt, waren Eltern auch damals mit Problemen wie ihr konfrontiert.

In den 70er wie auch in den 80ern wurden die Jugendlichen immer eigenständiger und auch oft endete dies meistens mit einem Krach zwischen Eltern und Kind.

Die jungen Männer aber auch die Frauen zwischen 14-19, aber auch schon früher, fühlten sich missverstanden.
Fakt ist, dass eure Parents, eure Troubles sehr wohl kennen, sie waren mit diesen ja selbst oft konfrontiert. Wogegen ihr froh sein könnt, dass eure Eltern nicht in den 40ern oder 50ern aufwuchsen. Denn damals gab es dieses eigenständige Jugenddenken wie heute gar nicht, oder es hatte ihnen niemand zugehört.

Filmklassiker wie „Jenseits von Eden" oder „Denn sie wissen nicht was sie tun" mit James Dean, der Mitte der 50er zum ersten richtigen Jugendidol wurde, er sprach ihnen mit seinen rebellischen Filmrollen, in denen er sich unverstanden fühlte, aus der Seele. So wie Jugendliche zu dieser Zeit.

1955 mit Elvis Presley, über den ich schon berichtet habe, kam die totale Jugendhysterie. Eltern verstanden die Welt nicht mehr. So etwas war, seit Jesus, noch nie da.
Natürlich es gibt auch Eltern die man am liebsten auf den Mond schießen würde, aber man kann nicht jeden einzelnen über einen Kamm ziehen.

Wie schon besprochen hatten auch eure Eltern Probleme wie ihr.

Nun, ab einem gewissen Alter, der eine früher, der Andere später, sind die Lebensverpflichtungen und die Verantwortung so groß, dass man anders denken muss, um zu überleben.

Keineswegs wollen sie euch schaden oder bloß stellen, sie würden auch lieber mit ihren Kindern und der Jugend im Allgemeinen um die Häuser ziehen, doch die Gesellschaft und Verantwortung, die im Laufe der Jahre immer größer wird, zwingt sie so zu sein, wie ihr sie hasst, oder glaubt, dass sie spießig sind.

Eltern sind im Grunde genommen hin und her gerissen zwischen ihren Kindern und dem Erwachsensein.
In ihrer Jugendzeit hatten auch viele ein Punkoutfit und hassten die Regierung, oder gingen auf Demos mit.
Sie zogen sich sicher auch mal den einen oder anderen Joint rein, oder sie waren an den Wochenenden sternhagelvoll.

Konzerte, Sex, Alkohol, so sah das Leben am Wochenende einiger Eltern aus.
Nur das Verhalten kann man sich wenn überhaupt nur als Jugendlicher leisten.

Würde man, mit sagen wir mal 35 Jahren, in die Disco gehen sich als Familienvater oder Mutter bis zur Neige Alkohol in sich hineinschütten, fremde Mädchen oder Jungs anbaggern, eine Schlägerei starten und zur Beruhigung, sich einen Joint reinziehen, müsste man in den Knast und dann setzt es noch eine empfindliche Geldstrafe. Weiters würden sie Konflikte mit dem Jugendamt kriegen weil es ja fraglich wäre, dass so ein brutaler Vater ein Kind erziehen kann.

Also ihr seht es ist nicht leicht, Erwachsen zu sein. Genießt es solange ihr noch könnt.
Außerdem ständig diese Vorbildwirkung raushängen lassen zu müssen, ist harte Arbeit.

Kinder jeden Alters, müssen ihr Leben vorgelebt kriegen, um im richtigen Lebensjahr, die richtigen Entscheidungen treffen zu können. Solch ein Fehler wäre, sich zu lange von seinen Eltern aushalten zu lassen. Denn das Hotel Mama ist klar von Vorteilen bespickt, aber man muss so früh wie möglich beginnen eigene Entscheidungen zu fällen.

Man muss Kindern gestatten, ihre eigene Sichtweise zu verwirklichen. Kinder und Jugendliche müssen lernen zu Reden. Ihre Meinung ist genauso wichtig wie die eines Erwachsenen, sonst werden sie denunziert, ziehen sich in ihr Zimmer zurück und reden dann gar nichts mehr.

Es muss ihnen früh klargemacht werden, dass sie einen nicht bestrafen wollen,, sonder ihnen beibringen was falsch, und was richtig im Leben eines Menschen ist. Egal welchen Alters. Werte eben.

Ich z.B., lernte erst recht spät, eine eigene Meinung zu entwickeln, da ich immer dachte die Erwachsenen wissen alles und können alles.

Papa ist ja bekanntlich für die meisten Mädchen der Beste.
Die Mütter ziehen bei Mädchen meist die Arschkarte.
Auch wenn er es nicht ist, Papa ist trotzdem der Beste.

Liebe Eltern, genießt diese Zeit solange und so intensiv ihr könnt, denn diese Zeit, wo eure Kinder euch vergöttern, ist schnell dahin.

Zurück zur Verantwortung:

Eltern sind ätzend, sie bevormunden einen ständig, sie verbieten alles, sie glauben dass sie die Besten sind.
Da gibt es noch so viele Meinungen der Jugend gegenüber ihrer Eltern.
Doch die blanke Wahrheit ist verständlich. Sie haben Angst dass euch etwas Schlimmes passiert und das kann mitunter schnell gehen.

Eltern wissen sehr wohl, wie es ist mit der Pubertät und etwaiger Konflikte Jugendlicher. Es mag schon sein dass zumindest ein Elternteil ein strebender, ätzender, verständnisloser Spießer ist. Jeder kann nicht gleich sein, das rührt aber schon aus dessen

Kindheit her, ob er es versteht wie ihr die ihr euch unverstanden fühlt, oder nicht.

Deine, meine, unsere Parents haben genauso geliebte Musikgruppen gehört und die erste Zigarette probiert, oder aber auch Lieblingsschauspieler gehabt, nur halt die, die damals modern waren.

Hier noch einen kleinen Auszug von Musikgruppen und Kultmovies:

The *Breakfastclub* mit Judd Nelson
Better off dead   mit John Cusack
Johnny Handsome mit Mickey Rourke
The Crow   mit Brandon Lee, den Sohn von Bruce Lee, aber nur den 1. Teil
Dragon, die Bruce Lee Story mit Jason Scott Lee
Little Nicky mit Adam Sandler
Spawn mit Michael Jay White

Hier noch einige hörenswerte Musikgruppen und Musiker:

Tourniquet (Heavy Metal)
The Cure (Mischung aus Dark Wave und Pop)
The KLF (etwas Techno mit Hip Hop)
Utha Saints (früher Techno)
Cradle of Filth (Black Metal vom Feinsten)

Public Enemy (ein must have für anspruchsvolle Hip Hoper)

So weit, so gut, ich hätte hiermit alles wissenswerte mir von der Seele geschrieben.

Ein Wort an die Eltern: Lernt eure Kinder zu verstehen, denn sie sind nicht viel anders als ihr es in diesem Alter wart. Lebt ihnen ein lebenswertes Dasein und steht ihnen bei. Auch wenn ihr mal von ihnen enttäuscht seid.

Ein Wort an die Jugend:
Eltern sind nicht immer ätzend, die Meisten geben sich wirklich Mühe, euch alles recht zu machen.

Die Pubertät geht vorbei, doch Eltern werden immer da sein.

Der Autor Gerhard Deutsch wurde am 18. 11. 1974 in Mistelbach geboren und lebt zurzeit mit seiner Lebensgefährtin in der Thermenstadt Laa an der Thaya.

Noch ein Wort:

Dieses Buch sollte vielmehr als Ratgeber für
Jugendliche sein.
Ich möchte aber nicht mein Wort vor das eurer
Eltern stellen. Ich habe dies Buch in erster Linie
verfasst um euch und euren Eltern ratsam zur
Seite zu stehen.

Written bei Gerhard Deutsch im Januar 2010.

Herstellung und Verlag:
Books on Demand GmbH, Norderstedt
ISBN 978-3-8391-4097-0